AF581992

TE CREÍA LOCO, PERO MORÍAS DE AMOR

ExLibric

DANIEL BEYRNE

TE CREÍA LOCO,
PERO MORÍAS DE AMOR

EXLIBRIC
ANTEQUERA 2023

TE CREÍA LOCO, PERO MORÍAS DE AMOR

Diseño de portada: Dpto. de Diseño Gráfico Exlibric

Iª edición

Editado por: ExLibric
c/ Cueva de Viera, 2, Local 3
Centro Negocios CADI
29200 Antequera (Málaga)
Teléfono: 952 70 60 04
Fax: 952 84 55 03
Correo electrónico: exlibric@exlibric.com
Internet: www.exlibric.com

ISBN: 978-84-19827-92-0
Depósito Legal: MA 1338-2023

Nota de la editorial: ExLibric pertenece a Innovación y Cualificación S. L.

DANIEL BEYRNE

TE CREÍA LOCO,
PERO MORÍAS DE AMOR

¿Cómo comenzar un libro de poesía?

Tal vez la poesía sea el *striptease* del poeta, de un cuerpo que al final no le pertenece. El lector se desnuda frente al espejo de su propio reflejo de emociones.

En la película *Il Postino* (film de 1994 adaptado de la novela *El cartero de Neruda*, de Antonio Skármeta), Pablo Neruda recibe la visita de la tía de la novia del cartero. Ella estaba ofuscada luego de leer un poema que el cartero había robado a Neruda para su novia. En ese poema, la tía descubría que el cartero conocía perfectamente el cuerpo de su sobrina y el poeta no sabía cómo explicar que era solo poesía. Imaginé cómo podría haber sido este diálogo...

LOS POEMAS NO MIENTEN

Los poemas no mienten, don Pablo.
Los poemas solo son palabras desordenadas que vuelan tan alto como la imaginación de quien los lee.
Los poemas no mienten, don Pablo.
Para aquellos que pretenden enamorar con metáforas y rimas, les digo que son solo frases que endulzan el alma y calman la pena.
Los poemas no mienten, don Pablo.
El poeta solo imagina y tal vez ni siquiera ama.

El poeta escribe sin pensar, es su pluma la que describe lo que le parece bello.
Los poemas no mienten, don Pablo.
La risa o el llanto, el amor o la decepción no son del poeta, pues el poema no le pertenece.
Los poemas no mienten, don Pablo.
La vida misma es un poema tragicómico que sirve de escenario al delirio inventivo del poeta que manipula las palabras.
Los poemas no mienten, don Pablo.
¿Por qué?
Porque nada es más verdad que la emoción.
Porque la luz aparece en cada palabra certera
e ilumina vidas ciegas de pesar y rutinas.

O tal vez solo pueda definirse con la poesía misma.

«La première démarche poétique consiste
à remonter à l'origine. A savoir : à la souffrance»

Michel Houellebecq

Todavía veo esa foto en colores pasteles, con mi bonete y mi torta de dulce de leche frente a mí. Yo, parado en una silla para soplar cinco velas, y él, a mi lado, estoico y sonriente, como si fuera su cumpleaños. Hacía más de diez años que tenía cinco y no le molestaba, salvo su barba incipiente, que me hacía reír cada vez que él era policía y yo ladrón. Fuimos vecinos muchos años (visto con la noción del tiempo de un niño), pero creo que solamente fueron tres. Desde que volví a ver esa foto cada detalle de nuestra amistad invadió mis recuerdos, hasta saber a qué jugábamos en invierno o en verano, cuando le pedía a mi mamá tostadas con manteca para merendar o cuando me saludaba al irse con esa voz de adolescente que él mismo desconocía y le hacía reír; pero no he podido acordarme de su nombre, es algo que no puedo asumir, de tener tantas imágenes reales y no saber cómo se llamaba mi primer amigo. Creo que se fue cuando yo tenía seis años y ya me sentía más maduro que él. Partió con sus padres en un Audi escarabajo, y yo lloraba desconsolado, pues sabía que no volvería a verlo y él se reía como si nuestros juegos siguieran mientras se alejaba en el auto y yo corría hasta la esquina a su lado.

Siempre pensé que volvería a verlo y la vida me fue llevando por diferentes decorados y lugares con esa posibilidad, que cada vez se alejaba más. Y en el sitio más remoto y lejano de mi Bell Ville natal creí verlo.

Trabajo en Europa, y en el café, donde religiosamente me deleito con un cortado con buena espuma, me pareció verlo. Caminaba como si tuviera urgencia de llegar a algún lado, con paso determinado y largo, que parecía no tocar el suelo. Tiene la edad que podría corresponder a la de mi primer amigo, siempre vestido con ropa elegante de buena marca, pero sucia, zapatillas casi nuevas, pero sin medias y como en chancletas. Y esa sonrisa permanente, eso me deslumbró, con sus dientes cuidados y sonriendo sin mirar a nadie, solo en su mundo, como si no existiéramos, hasta que llega el momento más serio de su día, parado frente al estante de los caramelos y chocolates. Allí, los mira escrupulosamente, sin tocarlos, como si fuera a elegir la más bella joya para su amada. Y siempre se decide por los mismos caramelos de chocolate y corazón de dulce de leche, los paga con la misma moneda que el barman le devuelve.

Da media vuelta y pone sus caramelos en el bolsillo. Antes de cruzar la puerta los saca para comprobar que no se han ido, y desaparece con el mismo paso ligero y la misma sonrisa que yo tanto envidio.

La primera vez que lo vi pregunté cómo se llamaba. Nadie lo sabía y, al terminar el día, corrí a casa para buscar esa foto de mis cinco años. Le saqué una foto con mi teléfono e hice copias para tenerla siempre conmigo y tratar de adivinar si era la misma persona. Decidí que se iba a llamar Gabriel, después de tantos intentos de recordar su nombre y de maldecir la demencia que se me iba a instalar si seguía olvidando nombres y fechas.

Un día mostré la foto a un amigo para saber si veía lo mismo que yo, dudando que todo fuera un delirio de mi demencia que se acercaba. Él veía ese adolescente sonriente a mi lado, como yo, pero el detalle es que me preguntó con una voz condescendiente: «¿Eres consciente de que estamos a 12000 km de dónde vivías?». Lo escuché sin entenderlo, pero él si entendió que era importante para mí que creyera que mi primer amigo existía y podría ser «el loco del bar».

Cada mañana que puedo estar, mientras Gabriel compra los mismos caramelos que nunca paga, se me cruzan miles de ideas de cómo pudo haber sido y es su vida.

Imagino que estos poemas y haikus nos cuentan su vida, que vivió hasta ahora en un poema eterno con sus heridas, visibles y, sobre todo, invisibles, y envidio ese estado de gracia. Imagino que es el único caso que se volvió loco por amor, por ese amor ideal y eterno que nada puede cambiar. Me pregunto si esos caramelos los comparte con su amada real o invisible y resisto a seguirlo para saber dónde vive. Prefiero pensar que es el fantasma de mi primer amigo, que viene a recordarme que la vida es bella y que no hace falta estar loco para saberlo.

Llegué donde quieren
estar muchos,
y yo quisiera estar
en el lugar
de donde vengo.

Como el barrilete

Abrí los ojos aquella mañana.
Como cada día, estaba ella,
con su sonrisa de amor tierno,
con sus manos de caramelo.
Así crecí sin conocer afrenta,
sin saber que aprendía la receta
de la medida de pimienta y sal
en la cocina de la vida terrenal.

Recorría mi planeta sin parar
con mil satélites para alumbrar.
Niño invadido de preguntas,
buscando en estrellas las respuestas,
saliendo siempre de la órbita.
Intrépido como un cometa,
parado en el cráter de la luna,
fui quitando los límites de la cuna.

Alimentado por las carnes de los escritos,
escapando de las censuras, esquivando garitos,
amaba la rosa y me guiaba el lobo.
Y era el príncipe del río y algarrobo
con ofrendas de pasteles del poeta
que dejan la marca discreta
de los sabios de medio oriente
que ven más allá del horizonte.

Cuántas marcas llevan nuestras pieles,
tan profundas que obligan a ser fieles.
Él me enseñó la valentía del sufrido,
la humildad que evita ser vencido,
aunque los huesos te abandonen,
aunque hermanos te traicionen,
y escucho su risa en el cielo
cuando encuentro la miel del pomelo.

Metamorfosis

Cuando vuelas en esa bicicleta,
más pequeña que tus largas piernas,
los límites del universo no existen
y la vida parece eterna.

A nada temes en tu mundo,
dulcemente hostil,
donde moverse, pensar y soñar
es temerariamente fácil.

Ese cosmos sin maldad,
tolerante y libre que te mece,
te enseña los secretos de los niños
que nunca crecen,
de los locos
que sonríen sin avaricia,
de las madres generosas
que sólo aman sin codicia.

Y, de pronto,
la nube turbia del ser adulto
te angustia, te invade
con sus tentáculos de faenas.
Y los caminos
son menos sinuosos y planos,
pero envenena ese albedrío
sin horas ni espacios que conoces.

Y la nube es más densa,
y tus pasos aceleran
para evitar que te destroce.

Cuando tus ilusiones encuentran
el óbice de la sociedad y la codicia,
el peso se multiplica con cada minuto
que tu bicicleta llora tu ausencia.

De ese adolescente soñador
sólo queda un adulto en narcosis
y sólo el sincero espejo
es testigo de la metamorfosis.

LA CAPA DE PAPEL

En tiempos de falsos profetas
prefiero la capa de papel
y el antifaz del falso poeta,

la pluma ligera que acaricia
al hacha que quiebra
en nombre de la avaricia.

Prefiero oler las flores
de pimpollos a marchitas
que la pólvora de los rencores,

correr por las calles despeinado,
reír sin vergüenza alguna
delante del aburrido engominado,

borrar frases agresivas de muros,
pintarlos con colores vivos
que cubran tiempos oscuros,

escribir palabras de amor
para arrancar la sonrisa
que hace olvidar el traidor.

Prefiero ser el bufón de turno,
escribir poemas absurdos
y escapar de días taciturnos.

Me desordeno
en frases íntimas
que ordenan mi alma.

Declaración de amor

He venido hasta su umbral
para hacerle una declaración,
testimonio de una revolución
que solo usted sabe provocar,
palabras crecieron como levadura
y explotaron en mi esencia ruda.

Debo decirle que escucharla
en cualquier tono o idioma
invade mi ser, moja mis pupilas
y escucho como un eco eterno
resonar en el fondo
de los valles de mi pecho.

Cuando mis ojos la ven,
mi cuerpo se estremece,
mis poros abren y expulsan
sus vecinos hacia el cielo,
como si quisieran leerla
con pasión en medio del caos.

Pienso en usted de día,
la sueño cada noche,
mis dedos la dibujan en el aire,
siento la caricia de las palabras,
invade la emoción de las frases,
finales que imponen silencio.

Desde que he llegado hasta su umbral
la recorro, la leo, la escribo
ligero, liberado del bozal.
Versos nacen con fervor
en mi primera prosa.
Pretendo declararle mi amor,
señora Poesía.

Poeta de pacotilla

Me declaro poeta de pacotilla,
ese que piensa que nunca leerán.
Y aquí rimaría con cosquilla,
aunque asumo que ahora rían.

Intento ser un verdadero poeta,
hilvanando palabras de amor,
metáforas dignas de una gaceta,
imaginando a Pablo o Mario de lector.
O enamorar la musa desconocida
que las palabras del poeta venera,
leyendo feliz y conmovida
versos que parecen de otra era.

Me mostraré con pocas palabras
digno heredero de Khalil Gibran.
Aunque aquí sólo rime con cabras,
sus poemas de oriente en mí vibran,
sintiendo en los pocos minutos de lectura
mi sangre árabe a flor de piel.
Y mis ideas se aparentan a la locura
con la emoción como en un carrusel.

Ese carrusel sin frenos me distrajo.
Ningún poema escrito hasta esta línea.
Ustedes creerán que tomo el atajo,
pero no encuentro rima con línea
y me declaro un poeta de pacotilla.

AMOR

Esa palabra de dos sílabas que todos queremos descubrir.
¿La habrá pronunciado Gabriel en su mundo único y misterioso?
Si fuera así, ¿cómo lo vivió? ¿Con deseo y
placer, o con sufrimiento? Creo que amó sólo una vez, eternamente
sin poseer y con la inocencia que da alas. Poco importa
si era correspondido o si todo fue un sueño, pero de lo que estoy seguro
es que lo vivió como un eterno poema. Y que nacían flores cuando caminaba
de la mano de su amada.

Porque el amor
duele profundamente.
Se llama Amor.

Despertares

Saliendo de un invierno frío,
recorrí caminos dentro mío.
De dudas con fuerza de trueno,
pensaba vivir en cuerpo ajeno.
Florecían pimpollos de revolución.
La flecha de tus ojos calmó la rebelión.
Mis angustias tenían otro sabor
con el dolor dulce de un primer amor.

Sentado en la plaza cuadriculada,
esperaba verte inmaculada,
como cada domingo, al final
del pasillo de flores de la diagonal.
Yo escondido en la glorieta.
Tú me buscabas inquieta.
Y nos alejábamos abrazados
detrás de jazmines perfumados.

Cómplices del tenue atardecer,
descubrí tu cuerpo de mujer.
Nuestra adolescencia nos quemaba
en medio de besos que ahogaban.
Los minutos corrían infieles
a nuestros deseos irresistibles.
Consolando el final traidor,
escribía poemas de amor.

Dioses saben que eras mi musa.
Ignorabas mi poesía reclusa
que te dedicaba con avidez,
rogando «nunca me olvides».
Otros domingos siguieron
y algunos sábados nos encontraron
en el umbral de la primera vez,
descubriendo juntos el final de la niñez.

El secreto es
un túnel que me lleva
a tus entrañas.

El miedo del placer

Sin saberlo, pero sospechando,
esa ducha de adolescente fue diferente.
Esos minutos en mi bicicleta fueron eternos.
El camino dibujado en mi destino,
pero pasó por su puerta
una, dos, tal vez cinco veces,
y ese «hola, vení, pasá» lo confirmó.
Los muros no se movían.
Las cortinas no bailaban con el viento.
Ella estaba inmóvil rozando mi piel.
Era yo, que temblaba de tanto miedo,
tanta emoción de lo desconocido,
volcán mancebo descontrolado
que se derrama sobre esas sábanas.
Sentir el calor ajeno en mí,
cambiar humedades suaves
y volar sin saber cuándo aterrizar,
tantas veces, incontables, únicas,
hasta que me dijo «¡basta!».
Sonreír sobre esa bicicleta,
sintiéndome adulto, igual que los otros,
pero el mismo adolescente
se conmueve con la fresca madrugada.
Busca las estrellas creyendo ver ella
a quien le mostró el sendero,
a quien abrió su flor para sentir

los latidos más allá del corazón,
a quien dejó la marca a fuego
del placer y del miedo.

Viejos amigos

Los minutos pasan.
Quisiera mañana sea hoy,
verte llegar despeinada,
que sonrías y tu mejilla en la mía,
miradas que se cruzan.
Quisiera que leas en mí
cuánto te quiero,
cuánto te necesito.
Amigos de siempre,
enamorados hoy
Primer paso y cobarde,
escapo en el juego
de no querer amarse de verdad.
Los minutos pasan.
Quisiera que fuera la noche
y leer tu «Hola, ¿qué haces?».
Horas de mensajes,
jugando a seducirse,
pensando que soy yo,
insinuando que sos vos.
Y dudamos y el beso del final.
Cuánto tiempo pasará
para ser exmejores amigos.
Conoces mis amores,
desde el primero.
Siempre supe los tuyos

¿Cuánto hace que no amamos?
¿Cuánto hace que nos amamos?
Sin decir la palabra justa,
viejos amigos y nuevos amantes.
Este viernes iré a verte.
Los mensajes serán
entre nuestros ojos.
No habrá beso final.
Será el beso del comienzo.
Viejos amigos, nuevos amantes.

Corazón pirata

En medio del escenario
camina como el corsario,
buscando el tesoro
sin importar la plata o el oro.

Sólo almas solitarias,
aventuras temerarias,
ese amor efímero,
ligero y forastero,
creyendo ser feliz,
que no deja cicatriz.

Músculos cansados,
corazón con candados
y neuronas vacías
que buscan el toque de gracia
de la presa domesticada
que mordió la carnada.

Dormir con la sonrisa
sin temer la cornisa,
apuntando la cosecha,
olvidando la fecha
del inevitable final,
del choque frontal
con el alma manceba

que pone a prueba
el escondite de la llave
que el corazón desenclave.
Y el pirata termina poeta,
al abordaje de su propia goleta.

El picaflor y la flor

Eran los años del picaflor
que olvida el ritmo del día,
hipnotizado por la más bella flor,
sin importar si el tallo plegaría.
Pero ella me tomó por asalto
con el néctar de sus dulces pétalos
y volé hacia el árbol más alto
para rendirme definitivamente a sus pies.

Esa tarde de soles ardientes
me dijo que me amaba.
Nada la separaría de la fuente
de gozo y placer que la quemaba.
Se declaraba mi propiedad
con la marca a fuego en la piel.
Prometiendo sagrada lealtad,
se conformaba solo con el jagüel.

Noche tras noche bebíamos
de la misma copa el elixir,
sin preguntarnos si pecábamos.
La libertad de prohibido prohibir
día tras día mi cuerpo cubría
con pinceladas de colores
rojos y pasteles, y me derretía
hasta perder los básicos temores.

No esperó las arrugas ni el otoño
y las mañanas se volvieron frías.
Entendí cuando secó el retoño
que tal vez había sido una fantasía.
Día tras día añoré su retorno.
Quemé mis alas para esperarla.
Noche tras noche sufrí el bochorno
y en sueños no dejé de nombrarla.

Mis deseos van
de la mano del diablo.
Mi amor, del ángel.

QUIERO

Quiero que seas mía,
sólo mía.

Quiero que sonrías
cuando me miras.

Quiero que yo sólo te toque,
te estremezcas con mi roce.

Quiero que sólo pienses en mí,
que nada más exista para ti.

Quiero que leas mis deseos,
que me beses insaciable.

Quiero habitar en tus senos,
dormir en tu vientre.

Quiero bajar las escaleras de tu espalda
con mis besos.

Quiero que tus cabellos de seda
escondan mis lágrimas.

Quiero que me cantes al oído
palabras de amor eterno.

Quiero que me quieras
como te quiero.

Tu corazón azul

Esa noche no dormiré esperando el día,
la ducha no calmará las cosquillas
y mi piel olerá el perfume del encuentro,
aquel que soñamos,
aquel que dibujamos.
Te esperaré desde antes.
No harán falta flores.
Llegarás con vestido rojo
y tu corazón azul, sin cerrojo.
El aire liviano no resistirá
al abrazo eterno que aspira.
Sentiré tu corazón azul al fin.
Besaré tus labios carmín.
El camino nos llevará a la cita.
Por la ansiedad que nos habita,
en cada recodo haremos un alto
y tu cuerpo tomaré por asalto.
Bailaremos bajo el cielo claro.
Te desnudaré con descaro.
Recorreré tu ser con mis ojos,
sin apuros ni sonrojos.
Buscaré la perla del placer,
olvidando lo que solemos temer.

Apareces tú.
Ocupas el espacio.
Todo es claro.

Al alba

Al alba la busco
entre las calles vacías.
Sonámbulo, alucino
encontrar mi amor.

Al alba la siento en mí
como tantas mañanas,
libélula que revolotea
en mis pensamientos.

De tanto amarla,
sin aire, ella voló.
Iluso, creía que
hacia mí volvería.

Me consuela la noche
que el alcohol engaña
y sueño verla llegar
de impecable blanco.

Al alba desaparece.
Me duele su ausencia,
maldito puñal
de esta cruel realidad.

Al alba la encontraré.
Su corazón me entregó,
deseo trasparente
de eternos amantes.

Seré la rama.
Tú, la flor.
Te llevaré hasta el sol.
Tú reinarás.
Te protegeré con mis hojas.
Tu perfume invadirá mi vida.
Te daré la savia.
Me regalarás tus pétalos.
Moriremos juntos.

SIN ESCALERAS

Me hizo su declaración
sin filtro, sin temor.
Con el pulso en el cielo
derretimos cualquier hielo
en el primer beso
por un primer amor.

Con nuestros miedos
corrimos como niños
en la selva urbana,
buscando la mina,
refugio del tesoro
donde este amor será el oro.

Solos en la oscuridad,
escapando a la realidad
de adultos responsables,
de aburridos honorables.

Eternos adolescentes,
construiremos el puente
hacia nuestro jardín de jazmín,
paraíso sin fin,
con poemas, sin proezas,
con caricias, sin promesas.

Adolescentes eternos,
evitamos los inviernos,
aceptamos sólo primaveras
para tocar las nubes sin escalera.

TÚ CIRUELO, YO OLIVO

Seré el olivo
milenario y perenne
que cada mañana
te abraza
con toda su sombra.

El que te protege
con todas sus ramas
del viento
para que no pierdas
las flores de primavera

Mis raíces,
sedientas de tu sabia,
se alimentarán
del néctar
que las abejas tanto aman.

Estaremos conectados
en el aire,
en la tierra
y por la música
de mis hojas al viento.

Serás el ciruelo
de frutas redondas,
de pieles lisas,
con el corazón de azúcar,
dulce ácido que resiste en mi boca.

Creceremos juntos,
beberemos cada lluvia,
reiremos al sol,
dormiremos juntos
bajo las mismas estrellas.

Nuestras ramas
se abrazarán
como nuestras raíces
y en este amor genuino
seremos uno.

El clóset del pecado

Compartirás mi respiración,
escapando al sueño.
Tu cabeza en mi hombro,
tu mano en mi vientre
y tus piernas rodeándome,
placer interminable.

Despertarás con la luz del alba.
El fresco del amanecer
calmará los ardores
de mis caricias,
que la penumbra esconde
ajenas a tu vida de día.

Buscarás olvidarlas.
Te mojarás.
Lavarás una y otra vez
tu piel y tus culpas.
Y el ardor sólo se calmará
con mi perfume.

Las estrellas obstinadas
te regalan cada noche
mis besos mezquinos
de amante clandestino
que te pone a sus pies,
te posee sin que te resistas.

Te preguntarás
si es la últimas vez.
Odiarás no saberlo.
El día te engaña siempre.
Creerás que fue un sueño,
convencida de que no tienes dueño.

Cuando caiga el sol,
entrarás nuevamente
en el clóset del pecado.
Elegirás encajes rojos
y no podrás evitar
el placer del infierno.

Sin camuflaje

La página sigue virgen.
Yo miro caer las gotas
desde las ventanas rotas,
contemplando el origen
de la vida mientras surgen
sedientas y bellas flores.
Respiro otros olores,
veo golondrinas volar
y cardenales arbolar
sus fascinantes colores.

Mis ideas viajan locas
de norte a sur sin parar.
Buscan la musa embarcar
por unas décimas barrocas.
Algunas frases unívocas
invocando algún amor.
Copiando algún trovador,
cobardes palabras huyen.
Mis ideas se diluyen
como un poeta perdedor.

Cuando las nubes agrietan,
el sol asoma tímido.
Pájaros quitan su nido,
mariposas se despiertan

y mis rimas se conciertan
en poemas pocos claros:
historias de héroes raros,
buscando fama y gloria
que no guarda la memoria,
que mueren de dos disparos.

Y apareces tú, musa.
Inspiras y enamoras.
El más bello verso honoras.
Eres la mejor excusa.
Este poeta abusa
de tu belleza salvaje
y emprendo ese viaje
sobre mi página blanca.
Con mi escritura franca
te amo sin camuflaje.

Como un cometa en órbita,
te admiraba fascinado:
tu luz, tu fuego, tu fuerza…
Explotaste en mi ser.
Fusionamos.

JUGOSA MANZANA

En el escaparate de la vida
te encontré jugando con fuego,
en harapos, casi desvestida,
diosa de mito griego.
Yo, como un náufrago sediento.
Tú, irresistible como un bombón de fresa.
El libre y arrasador viento
se convierte en dulce brisa
para rodear tu rara belleza.
Casi sin tocarte, sigues bailando
con tu inocente pureza.
Descubro que estoy amando.
Adivino que eres frágil
como la más bella porcelana,
y en tu danza febril
quiero la jugosa manzana,
sin importar la punición terrenal.
Te espero bajo el árbol sagrado,
aunque el diablo aceche como chacal.
Pongo a prueba mi corazón sesgado,
por una noche, con la fruta del pecado.

MI PIEL SUDA POEMAS

Una mirada profunda
me perfora,
cavando
hasta la fibra más honda.

Luciérnagas multicolores
la rodean,
enamoradas de su luz,
que me encandila.

Todo vibra
en mi vientre
cuando me habla
y mi piel suda poemas.

Puedo ver su rostro,
su cuerpo;
camina hacia mí,
deseo que se desnude.

Finas manos de seda,
frágiles caricias
ritman los latidos
de mi corazón.

Viene al abordaje
como una pirata,
conoce el secreto
del tesoro escondido.

Me posee
sin retorno,
cautivado
por su flor de terciopelo.

Me invade
el vacío total
del despojo
que llena todo el espacio.

El inconsciente salvaje
viaja en el espacio
de gritos y gemidos
inéditos, interminables.

Caigo sobre algodones
del vuelo planetario
y todo yo la reclama
y mi piel suda poemas.

HECHIZO

Tiemblo por el calor de tu piel
en el descontrol que tú controlas,
placer del bendito hechizo
de tu mirada profunda,
que estremece mis profundidades.

Y a la primera caricia,
mis soldados desertores danzan,
abandonan la trinchera del inmaculado.

Bendito hechizo de los dioses
que no tienen otra religión que tú,
que enseñan a leer en tu cuerpo:
«Te guardes de no pecar con ella
y ningún cielo o fuego te espera,
sólo el tibio calor de su intimidad».

Me cantas al oído
palabras desordenadas,
tus manos saltan en mi piel,
inesperadas.
Me pierdo, sorprendido;
cierro los ojos, como en sueños;
me libro lleno de ti
y todo se ordena.

TRES O MÁS DESEOS

«Pide tres deseos»,
me dijiste esa noche
de horas de desvelo.
En silencio, nos mirábamos
con las comisuras despiertas
y listas para explotar en besos,
o risas, pero guardé el secreto.

«¡Cuéntame tus deseos!»,
exigiste aquella noche;
Por miedo a perderlos,
a que volaran de mí,
no abrí la ventana de nuestra luz,
y tus comisuras se ofuscaron,
convexas: ya no me querían.

Cuando tus ojos de cristal
entendieron el juego,
adivinaste que sólo quería
descubrirte cada mañana
como el amante sin memoria,
desconocerte cada noche
y acariciarte sin derroche.

Explorar tus surcos
como valles de vida,
tocar tus arrugas
para intentar leer tu alma,
beber de tu manantial,
sediento de tus besos,
levitando en nuestro universo.

¿Y SI NO EXISTIERA?

¿Y si el amor no fuera eterno?
¿Y si ni siquiera existiera
de más las disputas,
de más las angustias?

¿Y si sólo fuera un capricho
de niños adultos
que juegan a provocarse,
a hacerse mal, a probarse?

Pero ¿qué sería de las flores,
de esas cartas y poemas,
de los corazones, de las cosquillas,
si el amor no existiera?

¿Qué sería de tus caricias
que mi piel no olvida?
¿Qué sería de esos besos
de pasión encendida?

Si existe, ¿por qué se termina?
Momentos y promesas
se disuelven en el agua del olvido,
resucitan en la cruel soledad.

¿Cuántos amores? ¿Uno, dos o ninguno?
Y creer nuevamente, como un déjà vu,
hasta el inesperado adiós.
¿Y si el amor no existiera…?

En el negro temido de la noche
huelo,
escucho,
toco,
imagino,
sueño,
temo
y amo.

En la luz segura del día
veo,
siento,
como,
escribo,
lloro
y también amo.

Embrujo

Escucho una canción cualquiera.
Te veo en cada frase, estás bailando conmigo.
En cada estribillo quisiera volar contigo.
Todo parece tan bello que apenas lo creo.

Estás en tantas canciones y poemas que leo.
Te necesito como el sol que riega el trigo.
Mi corazón se declara un pobre mendigo
cuando pones mi alma en tu rejoneo.

Nuestro juego es el más bello desafío
y, sólo de pensar que despierto a tu lado,
mi piel se balancea de calor a escalofrío.

Ya no pregunto por qué estoy enamorado
de esta musa que escapa con fuerza de río.
Mi pluma y mi ser, tus besos, han embrujado.

Poemas nacen
de mi piel, cuando me
roza tu boca.

Salvaje enamorado

«¡Ay, que Dios me arranque los ojos
si no vuelvo a verte!»,
me dijiste
con lágrimas traviesas
en tus mejillas.
Mujer hermosa,
¿cómo te podría dejar?
Me descubriste
salvaje y solitario.
Me devuelves
perro enamorado.
¿Cómo podrían
arrancarte esos ojos
de perlas negras,
obra perfecta de ese Dios
que tanto veneras?
Te hizo pálida,
piel de seda.
Tus labios papillón,
rojos, simétricos,
marcaron mi cuerpo,
y firmas con ellos
cada carta que recibo,
esperando que las velas
me lleven a tus costas,
me amarren a tu lecho.

Bajé a tu mundo.
Fuimos a nuestro cielo.
Quedaste en mi corazón.

Amo

Amo
beber el agua salada
del lago de tus ojos cerrados.
Ver caer el sol detrás de tus senos desnudos
cuando duermes después del éxtasis.

Que la noche nos atrape
nuevamente entrelazados
bajo la fina sabana curiosa,
pegada a nuestras pieles,
cuando parece no existir
misterio por descubrir.

El eterno comienzo
detrás de cada beso,
mirándonos mudos
con nuestros dedos mezclados,
hasta no saber de quién son.
Poseer sin apropiarse,
no ser el dueño.

Será el efecto de tu sudor
que robó luego cada orgasmo,
o lo que llaman amor.

Serán tus besos,
generosos sin límites,
borrando amores pasados.

Será tu piel de canela,
que sabe a camelias
o, tal vez, sólo amor.

Tibia mucosa quema mis labios.
La cereza agria derrite mi lengua.
Un volcán de lava de vida
me resucita
y desaparezco en el humo,
de tu transpiración.

Diez palabras

Dos palabras.
Tu boca asalto
sin resistencia.
Discusión de fuego,
dedos atados en mis cabellos,
tu nuca en mi palma.

Tres palabras.
Tus labios en mi cuello,
tu camisa en el suelo,
piernas se trenzan,
vientres que danzan
descalzos los dos.

Una palabra.
Nuestras pieles al aire,
respiración que corta
cuando tu mano me toca.
Tus senos duros
perforan mi pecho.

Dos palabras.
La fuerza de tus manos
sobre mis hombros.
Primer gemido,
contracción que se fuga,
tren de placer.

Últimas dos palabras.
Fusión del volcán,
pieles húmedas,
tibio interior
en la armonía de gemidos
antes
del silencio final.

Caminé con dos dedos
llanos y montañas.
Crucé ríos y lagos de sudor.
El camino me llevó
adonde tú querías que termine.

Tus ojos

Cuando me miras,
tus ojos me hablan
de la pena
que tu corazón carga,
de tus lágrimas,
que quemaron tu sonrisa,
y de las mariposas
que quisieran volar
tan de prisa.
Cuando me miras
con tus perlas preciosas,
escucho la fuerza de tu esperanza
y las mariposas que ilusionan
con volar en tu vientre
para encontrar nuevamente
las cosquillas sin temor,
el dulce dolor del amor.

BÚMERAN

Sentado,
miro por la ventana
los árboles bailar al ritmo del viento,
las ideas vuelan y se van,
se mezclan sin saber dónde ir
y mi página sigue blanca.

Las palabras escapan de mis manos
y no puedo fijar mis pensamientos.
Van con ese viento
y vuelven como búmeran,
me traen tu cara sonriendo delante de mí,
me hacen sentir tu perfume de limón.

Hasta ayer eras mi musa inspiradora,
mi reparo poético.
Te amaba como nunca nadie pudo hacerlo,
podía escribir sin pensar mil poemas,
inventar cien historias de amor,
describir el sentimiento de enamorados.

Hasta ayer escribía poemas de amor.
Desde hoy no sé escribir mi nombre.
Hasta ayer sólo esperaba tocarte, besarte.
Desde hoy intento olvidarte.

Sentado,
miro nuevamente por esa ventana,
ahora oscura.
Las ideas recorren el cuarto
y chocan con muros sólidos.
Vuelven a mí, se ordenan
y desordenan con mi desilusión.

Y en esta página blanca,
desde la mañana escribo:
«Te amo y sólo espero que vuelvas».

La noche

Siempre quise saber qué hay detrás de la noche.
Sé que la luna juega a esconderse,
que la angustia amenaza con mostrarse,
que las estrellas invitan a enamorarse.

Siempre busqué cómo atravesar la penumbra.
Supe que ojos cerrados veían igual,
que los sonidos guían en rumbo sinusal,
que la noche nos fragiliza como un cristal.

Siempre soñé con noches transparentes.
Sabía que los sueños despiertan deseos ardientes,
que los perfumes son engañosos y sorprendentes,
que la realidad puede despertar violentamente.

Siempre espero el día para saber si existo.
Supe que esta noche sentí tu presencia,
que temblé por mi inconsciente novicia,
que odié el amanecer temiendo tu ausencia.

BENDITO VENENO

Estamos frente a frente.
Miradas tiernas y bocas cerradas,
respirando el mismo aire.
Tus ojos parecen cristales.
Mi boca entreabierta
y no necesitamos hablar.

¿Iremos juntos al mismo sitio?,
nos preguntamos tan inciertos.
Tu mano no aguanta y me toca,
y ya estamos en el mismo sitio.
Lo cierto es besarte.
Lo bello es amarte.

Me preguntas evidencias,
pero no sé contestar.
Sólo vivo este momento
como un «él ultimo».
Todo lo que quieres saber
lo descubres en este beso.

¿Iremos juntos al mismo sitio?
Lo creímos por unos minutos.
Crueles miedos nos invaden,
miradas tiernas siguen,
mientras se alejan
ojos de cristal que lloran.

Un abrazo, último recurso.
Te muerdes los labios.
Me muerdes mi cuello.
El veneno penetra en mí.
Lo que creímos un adiós
termina un amor eterno.

Me arrancarán los ojos,
me cortarán las manos:
siempre reconoceré tus besos.

RECUERDA

En noches largas y crudas
recuerda mis labios vacíos,
buscando tu piel de rocíos.
Recuerda mis manos rudas
amar tus curvas desnudas.
No olvides mis palabras,
que provocaron que abras
tu corazón a mis besos.
No olvides esos versos
que hicieron me descubras.

Extraño tus ojos verdes
jugando con mi corazón.
¡Cómo conservar la razón!
Reconozco que me pierde
ver cuando tus labios muerdes.
Extraño caminar tu piel,
sediento, buscando la miel
de tu boca rojo carmín.
Termino loco arlequín
sin mi Colombina fiel.

Recuerdos de noches plenas
de tus caricias ardientes,
explorando los límites
sin importar las condenas

de celosas lunas llenas.
Añoro nuestras miradas
silenciosas y osadas,
invitando a nuestra alma
a perder razón y calma
en sabanas satinadas.

Desde el primer minuto
que tus pasos silenciaron,
que tus ojos me dejaron,
todo se vistió de luto.
Ningún amor sustituto
calmará la pena dura
que tu ausencia clausura.
Aunque nada es eterno,
quisiera que pase el invierno
y verte, bella criatura.

Telas y lanas
lucen brillos y visos,
pero no son piel.

Resistir

Creímos que este amor era caduco
como las hojas del roble que nos cobijó
la última noche del otoño.

Sabíamos que la rosa no era perenne,
que se marchita,
aunque la reguemos.

Pero alimentamos,
convencidos,
nuestro amor sin espinas.

Entre pétalos caídos
y pimpollos que ignoraban
la llegada del invierno,

las ramas secas
de nuestro pasado
mantenían el fuego para calentar
el aire de la ilusión.

Entre árboles desnudos
como nuestras almas,
fuimos forzando el destino
hasta ver que la rosa florezca.

Pedimos a nuestras pieles
guardar el calor,
esperando el ansiado sol
de la primavera,

y resistir el desenlace
del caduco amor.

Morir en tu lecho

Tan lejos van mis ideas
como en el torrente furioso
de un río negro de brea.
Ya no basta mi corazón curioso
para calmar las corrientes.
A veces pierdo las fuerzas,
siento la muerte inminente
con sus garras en mi corteza.

Tan lejos van mis ideas
cuando mi alma resucita
y peligrosa se balancea
sobre volcanes de lava bendita.
Renace como el fénix
y siento alas de libertad
en el cielo de arcoíris
que me trae a la realidad.

Tan cerca quedan mis ideas
cuando me miras tierna.
Mi corazón zigzaguea,
no sabe quién lo gobierna,
busca tus manos de seda,
se cobija entre tus pechos
hasta que el amor lo exceda,
hasta morir en tu lecho.

Nada es todo lo que quiero de ti.
Todo es lo que quieres de mí.

Me perdí en tu silencio.
Me encontré en tu respiración.

EL ÁRBOL EN EL PRADO

Un árbol solo en el prado,
sólo él sabe,
de las lágrimas que lo han regado,
los amores que han nacido
bajo sus ramas desordenadas.

Sólo el árbol sabe
del ciervo romántico
que afilaba sus puntas en el tronco
del cuervo y los faisanes
que sus hojas escondieron.

El árbol solo en el prado,
parado estoico en la colina,
ni el hacha lo desafía;
conoce los secretos
bajo la nieve
de las sombras misteriosas
de lunas llenas.

Sólo el árbol sabe
cuánto te quiero.

Fuimos tan lejos
que olvidé la ruta
que va hacia mí.

MIL TORMENTAS Y CIEN MAREAS

Vivo nuestro amor
como el romance claroscuro
de la playa y el mar.
Olas dulces se acercan
y siento tu piel tibia.
Me desgrano ante ti.
Cubro tu cuerpo entero,
esperando, resignado,
el fatídico momento
que te alejas
sin mirar atrás.
Destrozando castillos,
rugiendo como salvaje león,
vivo nuestro amor
como la tormenta de verano
que amenaza mil veces
eléctrica y brutal,
intensa que cura.
Pasas por mi vida
como el viento que arrasa,
sin memoria, sin perdones,
y vuelvo a esa playa,
y busco ese cielo de nubes,
marcado por tus besos,
cautivado por tu violento amor.

Bajo el capote cobarde

Millones de estrellas
iluminando los cerros,
y el furioso toro
entrando en la arena
con sus cuernos de medialuna.

Sumiso a su fuerza,
acostado en la playa,
lo escucho rugir
mientras el río suena
como la fanfarria.

Siento que el capote
ya no puede esconder
mi ser y sus contradicciones.
Debo tomar la espada.
Alguno saldrá herido
entre estocadas y puntadas.
Los cuernos se elevan,
nubes salen de su nariz
con formas desafiantes.

Quisiera la gracia
del tribunal del corazón,

pero el toro muge
hasta callar la fanfarria.
Lágrimas de sangre
tiñen de púrpura el río.

El toro en andas
cruza la puerta de la plaza.
Mi sangre seca en la arena.
Uno a uno vacían la tribuna
quienes apostaron
por este torero cobarde.
Solamente tú retienes
mi corazón en tus manos.

Me acuerdo aún
del color de tus ojos.
Sigo amando.

PUNTOS Y COMAS

La lluvia cae plácida.
La tarde parece dormirse
en un colchón de hierba verde.
Mis ideas viajan,
buscan la palabra mágica
que cambia el papel.
Cruzan por allí
tu bella sonrisa,
tus ojos de perlas negras;
sigue virgen,
inmaculada la página,
como si quisiera
guardar los secretos
de tantos pensamientos,
y despiertan sentimientos
escondidos
detrás de recónditos
laberintos del corazón.
Escribo un punto.
Final de la utopía
aquella de quererte
y no ser correspondido.
Mi último recuerdo
golpea en mi pecho.
Aparece un punto y coma,
como un nuevo sendero

hacia un amor verdadero.
Nuevas canciones
para tararear y bailar
generan la ansiedad,
esperanza de un corazón
saliendo de batallas
y un silencio invade
la tarde húmeda;
cae una gota de lluvia
sobre mi página;
veo borrarse el punto,
sólo queda la coma
que resume mi vida
de ilusiones,
de mil caminos posibles,
con una sola frase
después del «y»:
que me quieras para siempre.

Tu cabellera mojada.
Abro la ventana.
El aire de la pasión se fuga.
Nosotros, también.

NUESTRA ÚLTIMA NOCHE

Te miro dormir, tan bella,
en tus sueños secretos
de nuestras vidas diferentes,
casi opuestas, y me invade
un deseo ineluctable.
Quisiera verte partir.
Volarás lejos y volverás,
rondarás sobre mí
como una gaviota perdida.
Tu lugar no está en mi mundo.
Tu tiempo no está en mi calendario.
Lo sabes desde el primer día.
Lo sabíamos en el primer beso.
Volarás sobre las nubes
para evitar mirar.
Volverás mojada por la lluvia,
asustada por las tormentas.
Mi calor será tu refugio
una y mil veces,
y un día ninguna lluvia
te mojará, ni temerás.
Ya volarás tan lejos
a conocer otros cielos,
a cobijarte en otras cuevas,
pero no resistirás volver
y ver si estoy aún aquí,
si mis huesos me sostienen,

si mi barco flota,
o si el fondo del mar
escuchó al fin mis súplicas.
Ya no estaré.
Nuestras copas sin beber
seguirán en nuestra mesa.
El viento habrá secado
las flores de nuestro amor.
Pero el perfume de pasión
de nuestros cuerpos
cubrirá por siempre
nuestro lecho.

NO QUIERO OLVIDARTE

Quédate frente a mí.
Quiero verte.
No soportaría olvidar
las arrugas de tu frente,
las curvas de tu nariz,
su baile al respirar.

El telón de tus párpados
que juega con mis emociones
y me conmueve
descubrir tus ojos miel
reflejando mi rostro,
convencido de que te pertenezco.

No quisiera que llores.
Temo que tus pupilas,
mojadas y tristes,
borren mi reflejo
y ya no pueda entrar,
que me pongas cerrojo.

Tus lágrimas caen lentas,
borran páginas de amor,
invaden tu rostro
hasta una bruma en tu boca.
Prefiero tus labios,
húmedos de mis besos.

Déjame tocarte,
que mis manos no mientan
ante otras pieles,
que se impregnen de ti,
que te reconozcan siempre
en la oscuridad de perderte.

Quiero respirarte.
Llenarme de tu olor
me quitará el dolor
que dejará tu ausencia.
Mi alma vacía
no soportará olvidarte.

RUPTURA

Estoy seguro de que Gabriel descubrió el secreto
de lo que se llama amor, que siempre supo que la mejor prueba de amor es sentirse libre y dejar libre de volar ese amor, único y eterno. Pero los que, en nuestra normalidad, no conocemos ese secreto no podemos evitar vivir el sentimiento indescriptible de la ruptura, que no tiene grises y que convierte en montaña rusa un periodo de nuestras vidas. Imagino que solamente dejó ir a su amada y que el dolor interior desgarró mil palabras que se convirtieron en poemas.

Creía que eras Venus
y yo, tan fuerte como Marte.
Sólo somos los anillos de Júpiter,
tan efímeros
que el sol desintegra.

Soltarte

Abre tus brazos para cobijarme.
Abre tus poros para sentirme.
Necesito tu fuerza que protege,
tu calor que calma, que mece.
No importan historias pasadas.
Ayúdame a calmar penas desterradas,
aunque tu corazón vista de negro,
aunque no sientas este amor por el que muero.
Hoy quiero pensar sólo en mí,
sentir que eres mía, aunque mientas,
prepararme para vivir sin ti,
para no seguir dejando lágrimas
como sendero de migas;
lágrimas que quiero sequen
y no volver a hacer esta travesía.
Abre tus brazos para cobijarme
sólo los minutos que la pena calme,
alimentar la fuerza para soltarte,
encontrar cómo olvidarte.

El amor duró
de la flor del almendro
a la fruta caída.

La capa del villano

Tu dulzura me cautiva.
Pides una noche más.
¿Cuántas últimas noches
en un amor vencido?
Nuevamente
acepto con mis culpas
que no terminan de evaporar.

Te duermes contra mí,
calor que quema
ataduras y excusas.
Escapo en la noche fría
como un gato de tejado.

Como un ladrón arrepentido,
solo en la vidriera
de nuestro bar,
escribo los versos
de despedida
una y otra vez,
mismas palabras esparcidas
que no encuentran
el sentido
de lo que siento.

Lucha perpetua
buscando la razón.
Mi corazón no termina
de vaciar tu amor,
que defiendes como leona.

La luna se apaga,
mis ojos me abandonan
y el rocío me cubre
para siempre
con la capa del villano.

Quemaron nuestras velas
en medio del mar.
Naufragamos en islas
diferentes y lejanas.

ADIÓS

Frente a mí,
en esta mesa,
tan lejos
como la luna del sol.

Mis palabras vuelven a mí
con el eco,
el mismo del vacío,
el mismo que nos separa.

Te veo,
tan transparente, y te extraño.
Cierro los ojos y te veo
como en mis sueños.

Pero inmóvil
yo no existo para ti.
Nuestros pensamientos
vuelan libres, se alejan
en el pesado aire.

Amantes desconocidos
que se extrañan.
Amantes conocidos
que se ignoran.

Un final que parece
interminable, latente,
evapora años,
marchita flores.

Sonrisas, besos y caricias,
poemas y cartas
se alejan por un camino
sin curvas ni retorno.

El aire de la puerta abierta
me despierta:
ya no estás,
ya no estarás.

No te veo y te extraño.
Corro detrás de imágenes
que se proyectan
en el humo del adiós

Te regalo un abrazo.
Te ofrezco un lazo.
No me quites el aire
con el nudo.
No me rompas
con tus brazos.

UNA AMAPOLA ROJA

Una amapola roja seca
en el libro que me regalaste;
conserva todos sus pétalos,
como los recuerdos
que guardo de nuestro amor;
los granos esparcidos
en las páginas entre las letras,
me pregunto si crecerán
en nuestro jardín olvidado.

Dos hojas verdes frágiles
de la ortiga vecina
acompañan a nuestra amapola,
guardianas de males
dispuestas a todo
para que la amapola
sea siempre bella.

La página describe
un lago entre las montañas,
árboles de madera noble,
el sol penetrando en rayos,
una mujer dormida,
un fuego apagando,
huellas que se alejan…

Me pregunto si las amapolas
seguirán floreciendo en el prado,
si mis huellas se borraron.

Dibujas en mi espalda
lo que quieres de mí.
Cuando lo entienda,
podría ser muy tarde.

AGOSTO

Noche de lluvia de estrellas.
Liviano, fascinado por la centella,
siento que se fugan buscando la calma
los pocos gramos del alma.
Floto en la oscuridad y destellan.
Mágicas balas que brillan
vienen hacia mí como legión.
Espero sentir la que va al corazón,
la que me despierte del letargo
la que me saque el sabor amargo
de la banal vida terrenal.
Espero la estrella ventral
que plegará mi cuerpo sin dolor
y, levitando, perder el temor
de la negra noche misteriosa,
de las espinas de la rosa.
Quiero seguir escapando,
perderme entre nubes soñando
que las estrellas fugaces
me defienden del antes,
me llevan al después
con dulzura, sin través,
y que el sol me despierte
dondequiera que estés.

ESPEJISMO

Imaginé recorrer el desierto,
arena caliente y viento.
Creí ver tus ojos misteriosos
dormir bajo palmeras en plena luna.

Imaginé descubrirte detrás del velo
que cubre tu belleza oriental.
Creí escuchar el silencio
en el oasis de tus brazos.

Imaginé que bastaría soñar
que los espejismos no existían.
Creí seguir tus pasos en la arena
y que las huellas resistirían la tempestad.

Nunca imaginé la soledad
de mi desierto sin dunas.
Creí ver la luz del sol eterno;
encuentro sólo cenizas de lo que imaginé.

Miel de otoño

Sólo queda en mis labios
el sabor amargo de la miel de otoño.
Malditos celos y resabios
mataron nuestro amor
como el invierno al retoño.

En la meseta de mi vida
esta tormenta de sentimientos
borra el camino de huida.
Pierdo el sentido y olvido el destino
por el acoso de los tormentos.

El dolor que provoca tu ausencia
despierta el remordimiento
de no escuchar la advertencia
de tu corazón herido,
perdiendo su último aliento.

En las más altas cimas,
en los mares más profundos
buscaré que me redimas,
vaciando el odio de mis alforjas
de vagabundo enamorado.

La cárcel del olvido

El desayuno firmó la sentencia
entre café frío y reproches.
Ni siquiera el adiós nos calmó
y entré en el túnel de los finales
con el cielo sobre mis hombros.

Entrarás en la cárcel del olvido,
condena perpetua de mis heridas.
Sigo clamando mi inocencia,
querellando tus ofensas
en el tribunal de mi consciencia.

Saldrás de este corazón abatido,
sin rencor, buscando el sentido
de un amor que ya es pasado,
que justifica las traiciones
que hicieron te abandone.

Llegaste a mí sin darme cuenta,
como el cazador paciente
que calcula cada paso por su presa
Con el lugar reservado en el muro,
de más los lamentos y la vergüenza.

Aunque te confesé amor eterno,
sin imaginar este infierno,
la sentencia es el destierro:
un viaje sin regreso
y quédate con mis besos.

Cicatrices

Creí tenerte a mis pies.
Penetraste mi corazón de hielo
sin cómo, cuándo ni por qué,
hasta sentir tocar el cielo.

Aquí me tienes en carne viva.
Perdí mis pieles, encontré la calma
en el sendero que me lleva
a tus brazos, a tu alma.

Vengo a buscar mi dosis
de tus labios mezquinos.
Con mi cuerpo en narcosis
me someto al amor asesino.

Cuán indiferente puede ser
un amor inesperado
que consuela merecer
la limosna del desesperado.

Me tienes en el columpio
entre el cielo y el infierno.
Tu veneno me hundió
en este eterno invierno.

Cuánto más deberé sufrir
en este último acto,
con la sensación de morir
la ausencia de tu afecto.

Tanto me has golpeado
que no me queda mejilla,
y mi sueño adorado
es mi peor pesadilla.

Me despierto del tormento
de un amor que lapido,
después de sinceros sentimientos
que terminan en el olvido.

Cayendo de la ladera,
descubro después del dolor
la frágil frontera
entre el odio y el amor.

Mi última herida cerró
cuando me creías a tus pies,
pero mi corazón enterró
tu falso amor sin después.

Perdí tu olor
cuando lavé mis culpas
Murió la pasión.

El coraje de Federico

Me desperté mirando el horizonte
frente al mar.
Acababa de perderte.
Las olas no me dicen dónde estás.
Las gaviotas ignoran la noche funesta.

Te alejaste en el horizonte plano.
Tu figura se borró,
como el villano
que comete el crimen
y desaparece
después de robar mi alma mil veces.

Entro en aguas frías de la desidia.
Las sales abren más las heridas.
Mis pies siguen la pendiente
de la arena suave
con la fuerza de la corriente.

Quisiera calmar el dolor,
perdiendo el horizonte,
olvidando por siempre la traición,
combatiendo el miedo
con el coraje de Federico
frente al pelotón.

La pendiente es más dulce.
La corriente contraria, tenaz,
me trae hacia la playa.
Cierro mis ojos.
Respiro.

Cuando sus garras escondían sus puntas,
eran dulces y francas.
Cuando salvaje me desconocía,
sus garras ya no eran tan dulces,
marcando mi piel
por siempre con su ira.
Yo la sigo amando.

FINAL

Tal vez encontrar el amor y perderlo fue el encuentro con el mundo «normal» para Gabriel; tal vez eso lo puso ante lo que siempre quiso ignorar y por un buen momento se dio cuenta de lo que vivían los otros, hasta preferir volver a su inocencia, a su planeta ideal.

Sapo de otro pozo

A veces soy águila.
Mi vuelo alto achica distancias.
Veo todo
y no me veo en este lugar.
Mis alas me llevan lejos,
pero vuelvo al mismo suelo.

A veces soy presa
de miles de felinos.
Mis miedos no cesan,
duelen profundas heridas;
me escondo y sufro,
corro y sufro,
caigo presa de fatigas.

A veces soy el sapo
que sonríe a la lluvia,
juega con mariposas
y chapotea en charcos,
baila con grillos
y cae en el pozo
equivocado.

A veces el águila
viene a buscarme;
la espero
como la presa resignada.
Yo sólo sé del pacto secreto,
y sus dulces garras
me sacan del pozo
para seguir chapoteando
en el charco.

CADENAS

Necesito libertad,
como el caballo la llanura.
Explorar la vida,
dibujar mi cauce cada día,
como el arroyo después de la lluvia.

Esclavo de menesteres,
perro guardián de la nada,
he terminado
en el sueño eterno individual,
ignorando la belleza universal.

Conozco cada esquina
de la cárcel sin rejas.
Creo perder la razón,
recordando utópicos sueños
que explotan como bombas de jabón.

Construí este deseo
en las últimas horas
de este viaje sin destino,
luego que el meteorito inesperado
destruya el risible escudo.

Despierto de la larga noche,
como el oso en primavera.
Salgo de la caverna
sin temer la luz que obnubila.
Ya no existen reproches.

Descubro mis cinco sentidos,
que hay otras flores para oler
y más de siete colores.
Confiar que mis pies desnudos
me lleven a catar nuevos sabores.

Destruí la brújula macarra.
Ahora, norte y sur
son sentimiento y emoción;
este y oeste, polizones
en mi barco hacia el horizonte.

ENCUENTRO CONMIGO

En el camino se dibujan mis pasos.
Voy tranco largo uniendo los retazos,
jugando con fuego, esquivando espinas.
El sendero me lleva al lago entre colinas.
Se reflejan árboles y mi rostro,
choque frontal con el otro.
Ruego al viento mueva el reflejo,
rompa este cruel y maldito espejo
que me impide desandar el camino
como el rey que perdió su reino.
El eco de mis gritos caprichosos
destruye mis pensamientos morbosos.
Caminos desconocidos se ofrecen
donde hierbas tiernas y flores crecen.
No existen líneas ni curvas peligrosas
entre colores y vuelos de mariposas.
En el agua de los arroyos me reconozco
y no calculo si soy fino o tosco.
De día soy el príncipe del sol en la duna
y de noche, novio de la luna.
Ningún camino se dibuja con mis pasos.
En medio de la arena soy el mejor de los payasos.
Y seguiré riendo delante de cualquier espejo,
porque soy yo mismo y no un simple reflejo.

Mi cuarto

Mi cuarto tiene cuatro paredes,
un cielo raso que no parece cielo,
y esconde alimañas que por las noches
despiertan y juegan sobre mi cama.

Miro la puerta cerrada de madera;
tiene tres cerrojos y una silla,
afiches que recuerdan horas insolentes
y rayitas que se alejan cada año.

La pared izquierda la pinté blanca,
el escritorio impide que me invada;
ella está siempre detrás, me obliga
a confiar, a perder el miedo.

Es roja la pared de la cama.
Nunca me pregunté si me quiere,
pero siento que me cuida
y su tono intimida y enamora.

La pared de la ventana es verde
y la miro obsesionado. Le temo,
me abre el mundo y le temo
en invierno como en verano.

Mis ojos se cierran en el calor
y mi nariz está de guardia,
siente cada olor y aroma
como el antílope de la sabana.

En invierno el frío da descanso
a mi olfato y las largas noches
son más imprevisibles con ruidos
desordenados, sin dueño, largos.

Con la luz azul de la luna
me siento navegando solitario,
esperando la ola mortal,
la bestia mítica del mar.

Mi vida tiene cuatro paredes.
Me obliga a volar bajo
el techo que me regalaron
el día que nací de la nada.

Mis paredes tienen ventanas
fijas, y veo sin poder salir
a oler las flores de primavera
o sentir la escarcha del amanecer.

Camino en tierra dura
con mis pies desnudos secos;
duelen cuando tocan las lágrimas
ácidas de la pena de la soledad.

El camino del Quijote

Frente al espejo buscaba en mis ojos
la maldita arena que los puso rojos,
sin pensar que en la jungla urbana
no existen desiertos ni lianas.
Noches en vela sin fijar ideas
en las que toda tu vida faenas,
bloqueada en la ensenada
de soluciones sin salida.

Escapé de los muros prisioneros
por un pasillo sin fueros.
Vi el vagabundo que nunca veía
poseído mientras otro corría.
Me invitó a visitar su selva.
Bebimos de la fuente de su cueva,
caminamos el sendero de hojas muertas,
viendo correr ciervos sin puertas.

Por momentos árboles desaparecían
entre los edificios que asfixian
y me encontré abandonado
en el banco de los alienados.
Busqué en vano mi jaula.
Mi esclavitud capitula
ante lo que otros llaman locura:
abandono ese mundo de usuras.

Con mi alma excarcelada,
los árboles crecen de la nada
y las hojas más mullidas
me cobijan, me dan vida.
Ya nada es como antes.
Y, como el héroe de Cervantes,
parto sin armas en cruzada
para echar moros,
para encontrar a mi amada.

EN APNEA

Desde esta cama que me encarcela,
frente al placar de tantos recuerdos,
entre cartas de amores perdidos
la angustia del final me desvela.

Aunque guardar mis sueños me consuela,
debo desenterrar con pasos lerdos
mi realidad del mundo de los cuerdos.
Perder mi tesoro puede que duela.

Sin entender esto que me rodea,
yo lucho por cada minuto de paz,
mientras me invaden miles de ideas.

Para no despertar al hombre salaz,
huyo hacia la soledad en apnea:
ya no necesito de este disfraz.

LA NOSTALGIA DEL OLVIDO

Resistiré a la nostalgia del olvido,
aunque la confusión del tiempo
y los espacios fueron absorbidos
por el hielo que cada día rompo.

Volveré a lugares del pasado,
aunque tengan pintura fresca
y los árboles hayan cambiado
en esa casa que creí gigantesca.

Te veré arrugada, respetable, de blanco,
aunque sienta el mismo amor travieso,
y nos sentaremos en el mismo banco,
testigo fiel del primer beso.

Congelaré los minutos crueles,
aunque el vencimiento esté impreso,
y recuerdos volverán a ser reales
de un amor que el tiempo guardó ileso.

Calmaré el dolor del ocaso,
aunque el sol no se ha escondido,
y recordaré la bella sonrisa del payaso
para aceptar la nostalgia del olvido.

LA JAULA

Los barrotes que se levantan frente a mí,
los límites de tierra que me imponen,
la libertad que perdí en el mismo instante
que crucé esta puerta frente de mí.
Todo me cierra, me desnaturaliza
en un gran desorden.

Las palomas son libres, si quieren,
pero vuelven al palomar.
Las orcas no saben nadar más lejos
que sus piscinas,
y sus aletas no lo pueden soportar.
El tobiano no osa cruzar el fino cable
para elegir la mejor hierba.
Y nada nos diferencia
de esa dependencia que destierra.

Las golondrinas mueren si las encierran.
Las flores siempre florecen donde estén.
Envidio a los animales feos
que nadie desea privar de libertad,
las ballenas, que sólo nadan en la inmensidad.

Temo que esa puerta se abra y no sepa volar.
Me duele pensar
que el momento más importante

nunca llegará
Tengo miedo de saber
que esos muros imaginarios no se abrirán.
Y sólo espero que nada impida
que me vengas a buscar.

Loca libertad

Temblando en esa calle oscura,
soportando la divina locura,
viviendo lo peor de la libertad,
pero alejado de toda maldad,
vivo mi soledad que otros temen
como si cometieran el crimen,
cediendo a la rutina que enreja
sin pronunciar la mínima queja.

Y todo se transforma por momentos
en mi mundo de cementos.
Lobos vienen a mí, la caza abierta
para que la bestia se divierta
con las caras de terror cobarde
de pasantes que hacían alarde
antes de verse al acecho
del inofensivo montero maltrecho.

Lluvia y viento lavan mis pecados,
me bautizan mejor que prelados
refugiados detrás de páginas rancias,
inventando leyes, poniendo instancias.
A veces vuelo sobre calles plenas
y veo las eternas condenas
que ellos pasean delante de los sicarios
deberes del trajín diario.

No busco nada y encuentro todo.
No me pregunto cuál es el modo.
Mis huellas digitales y mis raíces
sufren el hechizo, ellos dicen.
Pero cuando nado en aguas,
sacan rápido elegantes paraguas,
se alejan con ridícula crueldad,
mientras envidian mi loca felicidad.

SECRETO

Quisiera que guardemos el secreto
con tierna complicidad,
sin pensar en engaños
buscando no nombrarla.

Quisiera que mis caballos
no encuentren el disco,
sigan en galope eterno
buscando escaparle.

Quisiera que a mis velas
siempre las acaricie la brisa
en horizonte inalcanzable,
buscando la sirena Melusina.

Quisiera que mis piernas
sean el motor inagotable
que me lleven tan lejos,
buscando el mágico más allá.

Quisiera que mi imaginación
la alimenten siempre
los más bellos recuerdos,
buscando evitar la realidad.

Quisiera que cada segundo
sea minuto y estos, horas;
los días, meses y los meses, años
buscando la eternidad.

Cuanto quisiera
que guarden el secreto
y sepan que estaré allí
si me están buscando.

Crepúsculo

Sentado bajo un cielo diáfano,
frente al azul del Mediterráneo,
sobre el muro blanco calcáreo
del acantilado que penetra el mar,
el crepúsculo más bello invita a zarpar.

Mi alma de piedra se estremece.
Viaja hacia el sol a impedir su partida.
Es el más bello crespúsculo
y, tal vez, sea el último.

La foto instantánea se abandona
a las velas que el viento empuja,
único signo de vida del cuadro
y respiro de un golpe profundo.

En los grises de la noche incipiente
veo estrellas y planetas que despiertan,
hasta sentir que me aspiran
para un viaje sin límites reales.
Resisto a cerrar los ojos,
tal vez sea mi último viaje.

La bruma cubre todo al amanecer,
como un campo de algodones.
El dulce dolor de la impaciencia
de la infancia que ya no reprimo

me pide escapar de esta vida rancia,
corriendo sobre las nubes de algodones.
Ya no existe la distancia
hacia el bello crepúsculo,
pues, tal vez, sea el último.

Última inspiración

Soledad, te estoy buscando.
De la muerte, escapando.
Tomo el riesgo del prisionero,
sin el temor al encierro,
con la resignación en la piel
de quien perdió hasta la hiel.

Soledad, necesito verte.
He secado la vertiente
del amor y el pecado
en años de odio inexplicado.
Amando sólo en retazos,
poco importan los lazos.

Soledad, tal vez te traicione,
el sentimiento te destrone
con mi corazón en remojo
la ternura del despojo.
Ni el alma se disfraza
de este viejo ya sin fuerza.

Soledad, ya no te extraño.
Mi vida sufrió el regaño
de la única célula
que mi honor estrangula.
Capitulo como un simple peón
a mi última inspiración.

MI CRUZ

En el fondo de mi colchón
se esconde cobarde
la celda de mi prisión.
En medio de mi almohada
hablan, gritan como en Babel
los demonios de mi conciencia.
Adicto enfermizo,
me torturo a seguir tirado
entre estas cruces.
Mientras asisten apáticos
los habitantes de mi infierno,
adivino lo que dicen.
Con sus miradas me fusilan.
Las risas me ensordecen.
Las lágrimas de mis amores
lavan apenas las heridas.
Quisiera creer en el arcángel
que viene a buscarme.
Quisiera sentir
el sol entrar por mi ventana.
Quisiera que la luna
no me encuentre en esta cárcel.
Quisiera que mis huesos
me levanten, me alejen
de esta condena.

Tantas noches de desidia,
tantos días de sombras
penetran mi costado
como la lanza asesina.

CALEIDOSCOPIO

Encontré la cuerda
torcida, áspera y cruel.
Busqué el arma fría,
de metal oscuro,
entre ideas negras y ruleta rusa.
Conté las pastillas blancas
enteras y partidas hasta polvo terroso.
Construí la escalera
de escalones inseguros y frágiles.
Esperé el tren en la estación,
sobre el puente y entre las vías.
Me hipnotizaron las hojas
que empujaba la corriente del río.
Me dolía el vientre lleno de angustias,
miedos interminables y celos.
Respiraba el aire insípido
en grises y blancos días.
Todo parecía tan lejano de mi ser…
Ya no estaba entre ustedes.
Las voces extrañas en rostros
que parecían familiares
pasaban como los postes
de una ruta desértica.
Árboles secos y solitarios
en la tierra partida
que se quedó sin lágrimas.

Y el eco, ese eco que no me abandona,
siempre el mismo sonido.
¡Cuánto temía el primer día!
Y ahora parece arrullarme
como una canción de cuna.
Quiero dormir para siempre
con esa música repetida,
caer en el vacío,
mientras mi vida pasa
como un caleidoscopio
de formas extrañas
en el que nada encaja.

Infierno o paraíso

Luego del intenso fuego,
me siento vacío de todo.
Los sentimientos los he olvidado.
Las historias se han quemado.
Ya no busco nada.
Sólo respiro sin saber.
Mi cuerpo busca el aire.
Autónomo, vive en mí.
Sin preguntar, sigo aquí,
sin saber dónde nacen ideas,
quién las escribe.
Me pregunto qué es:
¿un animal o una planta?
Y sé que no soy yo,
que alguna vez fui ese,
pero veo aquel y dudo,
y despierto por momentos.
Mis narices se abren
y siento el aire frío.
Siento mis poros húmedos,
que el viento seca.
Siento dolores extraños,
que pasan como balas.
Entro en un túnel sin fin
de luces de colores fuertes.
Distingo mis manos frías.

No siento cuando me tocan.
Cierro los ojos, pero veo lo mismo.
Y llego al espacio donde vuelo,
vuelo sin alas, o floto sin agua.
Hacia arriba todo es negro.
Hacia abajo todo es blanco.
Siento que me lleno de dudas
que nacen miedos,
y una mano caliente me toma.
Imposible saber quién es.
Y sólo una palabra calma
esta ansiedad repentina de morir:
¿Eres tú?
Te sigo en paz

Quisiera que digan:
«Vivió intensamente,
amó terriblemente,
sufrió enormemente,
rio vergonzosamente.
En sus cenizas quedaron
soló sus poemas».

Índice

www.ingramcontent.com/pod-product-compliance
Lightning Source LLC
La Vergne TN
LVHW091328150826
845673LV00006B/1804

* 9 7 8 8 4 1 9 8 2 7 9 2 0 *